언제나 처음처럼

이춘희 시집

청옥

작가의 말

언제나 봄날 같은

사람이었으면 좋겠네.

영원한 봄날 같은

그대 사랑 있었으면

정말 좋겠네.

나 그 영원한 봄날 속에

그대만의

꽃이었으면 정말 좋겠네.

그래서

늘 향기로운 봄날 속에서

사랑을 노래하며

영원 속의 사랑으로 남았으면

정말 좋겠네.

목 차

작가의 말 • 3

제1부 등불 같은 사람

11 — 참 고마운 당신
12 — 잔설 속에 핀 샤프란
13 — 내 사랑도 첫눈처럼
14 — 너 하나만을 위해
15 — 희망 우체통
16 — 소중한 내 인연
17 — 등불 같은 사람
18 — 마음의 계절
20 — 네가 좋다
21 — 여름 바다, 그곳
22 — 마음을 스케치하다
24 — 마지막 잎새
25 — 시간 속으로
26 — 봄은 오고
27 — 봄 처녀
28 — 또 하나의 의미
29 — 영화 데이트
30 — 가을을 음미하다

제2부 물빛 그리움

33 — 그리운 사랑아
34 — 목련 꽃등
35 — 가을이야 너는 내 마음 아니
36 — 가을빛 곱상하다
37 — 너라서 좋아
38 — 가을, 사랑을 품다
40 — 별빛처럼
42 — 봄이 오는 소리
43 — 물빛 그리움
44 — 새벽 풀잎
45 — 내 사랑 안녕
46 — 그림엽서
47 — 내 인생의 반쪽
48 — 당신의 밤하늘 보며
49 — 겨울꽃 당신
50 — 나를 잊지 말아요
51 — 가슴이 말해요
52 — 첫눈이 오면
53 — 영혼의 뜰에는

제3부 그대 오는 길에

57 — 민들레 홀씨
58 — 지금 이대로
59 — 당신의 인생이 별보다 빛나길
60 — 연인戀人의 마음
61 — 샛별 같은 서리꽃이 핀다
62 — 겨울 창가에서
63 — 겨울과 봄 사이에
64 — 나의 겨울은
65 — 나뭇잎 하나
66 — 저물어 가는 겨울에
67 — 마음의 우산
68 — 철새는 날아가고
69 — 겨울 바닷가
70 — 첫눈 내리면
71 — 그대에게 사랑 꽃으로
72 — 청실홍실
73 — 친구가 되고 싶어요
74 — 그대 내게로 오시렵니까

제4부 사랑 꽃씨 하나

77 — 사랑 꽃씨 하나
78 — 저녁노을
79 — 꽃물 드는 날
80 — 당신 마음에도 봄이
81 — 홍매화
82 — 사랑은 비가 갠 뒤처럼
83 — 가을비 오던 날
84 — 봄의 길목에서
85 — 연둣빛 초대
86 — 빗방울 낙서
87 — 사랑의 멜로디
88 — 그대와 함께 하는 여행
90 — 애타는 가슴 하나 달랠 수 있다면
92 — 봄바람
93 — 임이시여
94 — 봄바람 속에서
96 — 그대 키스로 잠이 든다
98 — 동행
99 — 소꿉장난하듯

제5부 햇살 소나타

103 — 코스모스
104 — 누가 그랬을까
105 — 이름 모를 풀꽃
106 — 그리움 비가 되어
107 — 꽃비 내릴 때
108 — 마음의 책갈피
109 — 봄바람 [축하시·강경옥 시인]
110 — 느낌을 그리다
111 — 곱게 물들인 단풍처럼
112 — 내 어머님
113 — 햇살 소나타
114 — 어쩌지
115 — 나의 노래
116 — 12월의 이야기
117 — 사랑 예찬
118 — 그리움
119 — 낙화
120 — 한 편의 시

해설 121 — 그리움의 투영으로 본 사랑의 본질에 대한
 서정적 통찰 / 문영길

제1부

등불 같은 사람

그대를 사랑하는 것은

욕심부리지 않는 사랑

자연스러운 사랑입니다

참 고마운 당신

나와 더불어 세월 쌓으며
인생길 함께 걷는 참 고마운 당신

아침에 헤어지면 언제 다시 만날까
걱정 안 해도 되는 당신

가파르고 위태로운 정점이 아니라
넉넉함을 품은 들녘 같은 당신

티격태격 싸우고 토라졌다가도
다시 누그러져 나란히 누워 자는 당신

그런 당신 하나,
곁에서 믿음의 버팀목 되어 주는 당신

그런 행복 하나,
가없는 사랑으로 울타리 되어 주는 당신

이 모든 것이 당신 덕분입니다

잔설 속에 핀 샤프란

잔설 비집어 내민
따스한 햇살의 속삭임 머문
여린 꽃대마다
보랏빛 온화한 미소 여리하다

소소리바람에 곱은 손으로
서둘러 쓴 봄 편지
설레는 마음이 먼저 읽으면
눈 시린 해맑음 살폿하다

더디게 오는 봄 채근하듯
가녀린 자태에 한껏 머금은 향기
까치발의 기다림 오붓하다

내 사랑도 첫눈처럼

이 겨울 산하 나뭇잎
바람 한 움큼에 밤새 서러워
잠 못 이루고 뒤척입니다

모든 갈등 다독이듯
소담스레 쌓이는 첫눈에
맨 처음 고백인 양 설렙니다

순결한 사랑 시 한 구절로
그리움 난분분히
선연한 추억을 덮습니다

그대 미소 스치듯
겨울밤에 흩뿌리는 첫눈
살포시 내립니다

너 하나만을 위해

임의 환한 얼굴을 마주하면
험난한 세상의 모든 걱정 잊고
천진스러운 아이처럼
임의 마음속에서 뛰놀고 싶어라

임의 애정 어린 관심에
내 맘속에 사랑 튼실한 뿌리 내리고
임의 눈 속에 있는 나를 보면
세상에서 가장 행복한 여인이어라

임의 웃음을 마주하면
세상 시름이 절로 사라지고
힘든 하루일지라도
웃으면서 지켜내는 행복이어라

희망 우체통

'느리게 가는 사랑의 우체통' 앞에
잠시 걸음 멈춰 생각에 잠깁니다
하루하루가 아무리 고달파도
당신을 떠올리면 오늘도 미소 번집니다

삶의 순간들을 함께 나누며
곁에서 이야기하고 웃어 주는 당신
힘겨운 세상일수록
사랑만이 희망일 때가 있습니다

애증의 마디마디 새겨 놓은 생채기가
아픔도, 정도 지우지 못하지만
엽서에 너를 향한 내 맘 곱게 적어
우체통에 넣어 두겠습니다

내 마음 밭 뜨락에 둔
'느리게 가는 사랑의 우체통'에
우리의 추억을 희망으로 가득 채워둘 테니
그대여 찬찬히 내 마음 읽어 보세요

소중한 내 인연

차 한 잔 들고 앉으면
그대 그리움이 피어오릅니다
늘 함께했던 순간마다 새록새록
이야기꽃을 피웠지요

모락모락 번지는 미소 띤 얼굴
내 맘은 속에 그대를 그려 봅니다
그대가 좋아하는 커피 한 잔으로
나의 삶은 쓸쓸하지 않습니다

오늘은 서늘한 바람 불어
창가에 마른 잎 하나 스칩니다
소중한 나의 인연
마음 곁에 늘 머물고 있습니다

등불 같은 사람

당신과 함께 만들어 가는
아름다운 미래
나에게 있어 가장 소중한 일입니다
순수한 사랑과 맑은 마음으로
그대 앞에 섰습니다
내게 책을 읽게 하는 사람
시를 쓰게 하고 생각을 아름답게
해주는 사람입니다
마음에 밝은 등불 켜 두는 사람입니다
5월의 꽃들은 날이 어두워질수록
마지막 힘을 다해
세상을 향해 고개를 들지요
힘겨운 일이 닥칠 때마다
당신과 함께 하고자 함은
사랑만이 희망이기 때문입니다

마음의 계절

당신은 나의 봄입니다
당신 앞에 서면
난 언제나 당신만 바라보는
풋사랑의 진달래랍니다
꽃길을 걷는 발걸음에 당신의
미소가 꽃만큼 넘치기를 바랍니다

당신은 나의 여름입니다
당신 앞에 서면
난 언제나 햇살 같습니다
아침 새소리 맑은 숲속 한 그루
푸른 나무를 가꿉니다
난 언제나 당신을 바라보며 달콤한
행복 속에 빠져듭니다

당신은 나의 가을입니다
당신 앞에 서면
난 언제나 내 작은 마음으로
서늘한 바람결에도 흔들리지 않고

단풍으로 곱게 물들여
빈 여백 채워 가렵니다

당신은 나의 겨울입니다
당신 앞에 서면
난 언제나 포근히 내리는 함박눈처럼
당신에게 살포시 안겨
마음의 아랫목에 묻어둔 따스한 정
밤새 도란거리렵니다

네가 좋다

새삼
네가 좋다
참말로 좋다
이 넓디넓은 세상
널 만나지 않았다면
마른 나뭇가지에 앉자
홀로 울고 있는 새처럼
나 또한 외로웠을 것이다

여름 바다, 그곳

푸른 남빛으로 넘실대던
여름 바다에서 뒤척이는 추억
빗장을 걸어 두었던 마음의 문 여니
지난 기억들이 출렁거립니다

끝없이 일렁이는 물굽이를
거침없는 넘나드는 잿빛 갈매기들
윤슬의 반짝임 속엔
파도의 차디찬 몸부림이 있습니다

그리움의 푸른 바다
아릿하게 멀어져 간 추억 하나
아쉬움의 여운 끝없이 밀려드는걸
망연히 바라보고 있습니다

마음을 스케치하다

내 맘이 봄인가 봅니다
봄바람 살랑살랑 불어옵니다
새들의 노랫소리가 아름답습니다
맘속 풋풋한 감성이
연둣빛 서정으로 싹 틉니다

내 맘이 여름인가 봅니다
당신만 생각하면 내 삶에 생기가 돌고
온몸에 따뜻한 피가 돕니다
내 맘 그리운 이름 하나 품고
살아갈 수 있는 행복입니다

내 맘이 가을인가 봅니다
가을빛 그대 입술로 와 내게 닿아
행복을 말해줍니다
황홀한 단풍 물든 그대의 가을이
살포시 내려앉습니다

내 맘이 겨울인가 봅니다
하얀 눈이 소리 없이 소복소복 내립니다
그대 손 잡고 하염없이 걷고 싶습니다
영원히 아주 영원히 천년만년
지고지순하고 특별한 내 사랑입니다

마지막 잎새

첫눈 내리면
꼭 보고 싶은 사람
꼭 안고 싶은 사람

내 삶의 첫눈은 그대였으니까

마지막 잎새의 간절함처럼
소복이 쌓이는 기도

앙상한 나뭇가지에 잎새 하나는
붙이지 못한 엽서

첫눈의 약속으로 설레며
기다림 곁을 떠나줄 줄 모릅니다

시간 속으로

삶의 여정 끝이 보이지 않는다
삶은 시간과 함께 걷는 것이다

인생의 가파른 능선을 오를 때도
인생의 비탈길을 내려올 때도
공평하게 주어진 시간

시간은 인간을 구속하거나
재촉하지 않는다

견디는 시간과 기다림의 시간보다
행복의 시간이 짧게 여겨진다

나에게 주어진 시간 동안
꿈을 이루기 위해 노력하는 것이다

내일을 기약하며
오늘의 쓰디쓴 삶을 견뎌내고 있다

봄은 오고

햇볕 따스하여
젖은 세월 널었더니
봄바람 살랑
얼어붙은 마음을 녹인다

불 꺼진 가슴에
생명의 불씨 되살려
피어나고픈 꽃
심장이 뜨거워진다

추위와 목마름 속에서
탄생시킨 새 생명
동토의 차디찬 냉기 견딘
인내는 너의 승리이다

봄의 기운이 서려 있는 듯
싱그런 향기
바람에 묻어온다

봄 처녀

꽃바구니에 가득
그대 사랑과 행복 내 사랑과 기쁨
한 아름 담아 봅니다

해맑게 피어 나는 봄꽃들
마음에 봄이 와
내 마음도 한껏 부풀었습니다

봄을 여는 그대의 환한 미소
향기 한 아름 안고 오니
두근두근 설레기만 합니다

또 하나의 의미

서걱거리는 갈대
양털 구름은 내 머리 위에서
맴돌며 떠나지 못하고
수많은 이야기와 추억 엮어
마음에 수를 놓는다

잔잔히 이는 바람의 물결
살며 사랑하며 흔들리며
길 떠나는 인생사
마지막까지 두 손 놓지 않는
우리가 되었으면 좋겠다

영화 데이트

인터넷으로 영화를 검색하여
추천해 주는
내 마음 읽을 줄 아는 사람

언제부턴가
함께 있으면 부담이 없어
맘이 편해지는 사람

영화관을 드나들 때
함께여서 좋고
감동을 나눌 줄 아는 사람

오늘 함께 본 영화
애틋한 뒷얘기 나눌 수 있는
행복을 선물하는 사람

가을을 음미하다

가을빛에 팔랑이는 낙엽
스치는 바람 소리에
무시로 설레는 마음 달래려
준비하는 차 한 잔
빨강. 노랑. 분홍의 꽃잎
찻주전자에 담으면
제 몸 녹여 고운 빛깔로 가득
채워 찻잔에 조르록
향취 머금어 음미하면서
그리움 낙엽 지면
가을 길목에 쌓아 두고
바스락거릴 때마다
그대인가 하여
마음의 문 엽니다

제2부
물빛 그리움

들어도 들어도 가슴 설레는 말
온몸을 전율 일게 하는
풋풋하고 싱그러운 햇살 같은 말
첫사랑!

그리운 사랑아

그리운 사람아
보이지 않는다고 하여 잊히고
만날 수 없다 하여
사랑이 멀어지는 것 아니랍니다

그리운 사람아
당신 만나서 즐거웠던 순간
함께 할 날의 행복
사랑의 고귀함을 느꼈답니다

그리운 사람아
세월이 아무리 흘러간다 해도
당신 향한 나의 마음
처음 그 자리에 항상 있습니다

그리운 사람아
늘 한결같은 마음으로
사랑을 꽃피울 수 있도록
당신에게 내가 봄이었으면 합니다

목련 꽃등

목련 꽃등 환희 불 밝혔다
깜깜한 하늘 열고
어두워가는 우리 마음 열고
일시에 불 켰다
잿빛 하늘 아래 무겁게 살아가는
우리들의 하루
환하게 열어주고 있다
봄날 고샅길에
목련꽃 향기 번져온다
꽃잎 하나 열면
임 오는 길도 열릴까 하여
심지 돋운다

가을이야 너는 내 마음 아니

가을이야 너는 내 마음 아니
하루 그리고 또 하루를
온종일 두 눈에 아른거리는
그리운 얼굴 하나

잊지 않았던 그리운 목소리 하나
잠재웠던 그리움의 조각들
하나둘씩 서서히
나도 모르게 잊혀져 간다

모든 것은 나를 떠나고
차곡차곡 쌓인 추억을 삼킨 망각
저물어 가는 저녁에도
돌아오지 않는 그리움이 있다

아쉬운 마음, 보고 싶은 마음을
내 가슴에 일기를 써 본다

가을빛 곱상하다

가을빛 곱상하다
산들바람 타고 왔는지
가을 향기가 좋다

사색의 마음을 담은
하늘 눈부시도록 푸르고
단풍의 빛깔 황홀하다

가을빛 참 아름답다
올가을엔
너에게 푹 빠져 지내겠다

너라서 좋아

너를 떠올리게 해서 좋아
귓가에 들리는
네가 좋아하는 노래는…

너울너울 어깨춤 추고
나도 모르게 깊은 그리움에
빠져들어 가게 해

누군가 생각나는 날
힘이 들어도 참을 수 있고
보고 싶어도 견딜 수 있는…

너로 인한 그리움으로
미소 머금을 수 있기에
오늘도 행복해

가을, 사랑을 품다

형형색색으로 단풍 물들이는
자연의 오묘한 신비
가을의 풍경 속에 머무니
당신과 함께여서 더 행복합니다

불변의 믿음으로
무더위 견딘 해바라기처럼
사랑 품은 온유한 미소
당신이 보여준 가을은 참 아름답습니다

청명한 하늘을 배경으로
해맑게 방글거리는 코스모스
하늘거리는 몸짓은
당신에게 드리는 청순한 고백입니다

오늘도 향기롭게 다가오는 당신
은은한 눈빛의 소박함
국화 향기로 스며드는 정겨운 위로에
내 삶은 감사로 충만합니다

내 마음속에
당신의 사랑 곱게 물들이고
당신의 향기로 가득한
아름다운 가을을 들여놓습니다

별빛처럼

따스한 눈빛을 가진 그 사람
아침에 눈 뜨면
가장 먼저 생각나는 그 사람
바쁜 하루 속에서도
입가에 미소짓게 하는 그 사람

아무리 힘든 일이 있어도
그 사람이 있기에 두렵지 않고
자그마한 기쁜 일에도
기뻐하는 그 사람의 모습에서
나는 행복을 느낍니다

내가 슬퍼할 때
내 눈물을 닦아 줄 그 사람
그 사람의 향기에 익숙해져 가고
그 사람의 목소리
따스한 안부로 귓가에 맴돕니다

그 사람의 눈빛 나와 닮아
우리의 우주를 바라보게 됩니다
그 사람 눈에 담긴
영롱한 별빛
무수히 깜박거리고 있습니다

봄이 오는 소리

당신이 주신 그리움
꽃씨 하나
아침저녁 스산한 바람
착한 햇살에 토실토실 여물어
사랑의 꽃으로 피어나니
너무도 짧은 봄
몸살에 달뜬 날들이
연초록 햇살에 눈 비빈다

바람의 길을 따라
나비와 벌
꽃잎 따라나서니
능선을 넘어온 봄볕의 온기
지난밤 찬바람에 움츠린
새순을 감싼다

물빛 그리움

투명한 물빛 소리
잔잔히 들려오는 그곳
지난 추억들이 출렁이고 있다

속내 다 드러내고도 모자라
밤새 뒤척이는 바다
비워낼 수 없는 그리움으로
다시금 채워지는 곳 있다

물빛 그림자
파르라니 흔들리고
아릿하게 멀어져 간 추억
쉼 없이 밀려들고 있다

새벽 풀잎

소슬바람이
가을 산을 태운다
아침 이슬에 더 선명해지는
단풍의 빛깔이다

차가운 입맞춤에
몸 움츠리는 가을의 향기
콧등을 스치는 상쾌한 바람에
아침 햇살 눈부시다

마른 풀잎의 목마름
촉촉하게 적시니
가을을 배웅하는 아쉬운 눈물
풀잎 위 또르르 구른다

내 사랑 안녕

안녕 내 사랑아
사랑스러운 꽃에서 풍기는
싱그러운 향기로움이여

사랑은
가난한 오막살이집일지라도
희망을 행복으로 품게 합니다

사랑은
험한 세상 동행하며
서로의 짐을 덜어주기도 합니다

사랑은
기쁨을 두 배로 만들고
슬픔을 절반으로 주기도 합니다

그래서 늘 그 사람이 그립고
보고 싶나 봅니다

그림엽서

까맣게 타버린 숯덩이 가슴
고독한 여백을 메꾸려고
마음의 백지에 그림을 그린다

찬바람에 떨리는 문풍지처럼
서러움에 몸을 떨어야 하던 날
쓸쓸한 풍경을 스케치한다

그립다는 말은 생략하고
하얀 엽서에 너의 빈자리 그려
바람결에 띄워 보내련다

내 인생의 반쪽

낮에는 따뜻한 햇살로 머물고
밤이면 달로 뜨고 빛나는 별이 되어
삶의 행복 비추며 살아가렵니다

넓고 넓은 이 아름다운 세상에
우리 웃음꽃 만발하고 향기 가득 찬
꽃길 손잡고 함께 걸어가렵니다

삶이 팍팍하고 고단해도 역경을 헤쳐
희망의 밝은 미래가 손짓하는
우리 앞길을 당신 뜻과 같이 하렵니다

내 인생의 반쪽인 사람
더할 나위 없이 당신을 사랑해요
우리 사랑 변함없이 간직하며 살렵니다

당신의 밤하늘 보며

오늘처럼 옷깃을 여미는 추운 날엔
유난히도 보고 싶고
안부가 궁금해지는 그런 밤입니다

안개처럼 피어오르는 달무리
모닥불로 지핀 우리 사연
불꽃으로 너울거리는 그런 밤입니다

오늘은 당신의 밤하늘에
사랑의 별자리로 나타나 주신다면
밤새 도란거릴 그런 밤입니다

달빛 등불로 걸어 둔
당신의 하늘을 바라보면서
그리움에 눈물짓는 그런 밤입니다

겨울꽃 당신

아침에 첫눈이 내렸어요
온 세상이 반짝이던 날
당신의 목소리를 들었습니다

그렇게 첫눈이 내리던 날
경이로움으로
당신을 만났습니다

당신의 다정한 마음이
겨울꽃처럼 환하게
향기로움으로 내게 왔습니다

내게 다가와 미소 짓던 그 날
당신은 겨울꽃으로
내 마음에서 활짝 피었습니다

나를 잊지 말아요

나를 잊지 말아요
나날이 삶을 아름답게 해주는 임
늘 미소 짓게 해줄게요

나를 잊지 말아요
내 삶의 순간순간을 함께 하며
당신만을 위한 사랑 다 줄게요

나를 잊지 말아요
내 사랑이 깊고 참되도록
진심으로 노력할게요

나를 잊지 말아요
시련에 갈 길 잃어버리지 않도록
든든한 길잡이가 되어요

서로를 잃어버리지 않도록
우리 서로 아낌없이 사랑해요
나를 잊지 말아요

가슴이 말해요

찾아올 기약 없는 그대
하얗게 밤 지새우며
기다림으로 비워 둔 가슴입니다

그대가 내 맘에 다녀간 후론
그대만을 원한다고
내 가슴이 눈물로 말해요

그대가 그립고 보고 싶다고…

가을밤 점점 깊어만 가는데
내 마음속엔 여전히
첫사랑의 당신이 있습니다

첫눈이 오면

첫눈이 온다
작고 보드라운 눈송이
가만히 어깨 위에 내려앉는다

그토록 작고 여린 송이들이
그칠 줄 모르더니
온 세상에 흰 보자기 깔아놓았다

순백의 깨끗함으로
그대 가슴에 수북이 쌓여서
당신 마음 골짜기에 머물고 싶다

영혼의 뜰에는

기다림은
외로움도 슬픔도 아니라서
혹독한 시련을 견뎌낸 꽃이
더욱 아름답다

먼 기억의 들녘에 서면
가슴 아릿한 이야기
파릇한 들풀로 돋아난다

놓아버리기엔 아쉬움이 되는
들꽃의 흔들림
그 몸짓이 있으리라
시린 영혼의 들녘 그곳에 가면…

제3부

그대 오는 길에

특별한 사람

나는 당신에게 특별한 사랑으로

영원히 아주 영원히

기억되고 싶습니다

민들레 홀씨

바람의 여울 속 홀씨
안식의 미련을 훌쩍 떨치고
하느작하느작
허공을 떠돌다가 내려앉은 곳
새로운 보금자리에
안간힘 다해 뿌리내리겠지

담담하게 받아들이는
운명으로
가벼이 떠나는 네 모습
지켜지는 약속으로
머문 자리에서 꽃 피겠지

지금 이대로

그대가 이 세상에 있다는 이유만으로도
지금 이대로
only You~

내 눈에 비친 세상은 더없이 눈부셔
지금 이대로
Still with u~

사랑해 너만이 바라볼 수 있다면
지금 이대로
Feel so good~

너와 영원히 웃고 싶어
지금 이대로
You dre in my life~

당신의 인생이 별보다 빛나길

청잣빛 하늘을 바라보며
고운 임 생각합니다
그리움이 있고 사랑이 있기에
세상이 더없이 아름답습니다

세월이 흐를수록
은빛 물안개로 피어오른
정情 하나 별빛처럼 반짝이는
임 그리는 마음
선율을 타고 가슴으로 흐릅니다

내가 드리는 마음
한 땀 한 땀씩 수놓으니
사랑의 영롱함으로
당신의 인생이 별보다 빛나길

연인戀人의 마음

잔잔히 흐르는 강물처럼
심연의 속정을 품고 끊임없이
흐르는 것이 연인戀人의 마음입니다

끊임없이 흐르는 강물처럼
가슴 한편에 그리움으로 밀려와
머무는 것이 연인戀人의 마음입니다

오염되지 않는 깊은 산속 샘물처럼
사모의 그리움으로
샘솟는 것이 연인戀人의 마음입니다

맑은 영혼의 진실한 마음으로
영원히 변치 않는 사랑
가꾸는 것이 연인戀人의 마음입니다

샛별 같은 서리꽃이 핀다

마지막 잎새의 안녕을 빌며
나목에 앉은 달빛이 부서지면
아득히 내린 별
소름 돋은 강물 위에 내린다

겨울새 깃들일 청산靑山에 올라
지나는 바람에 묻는 소식
엄습하는 서늘한 기운에
새벽녘 서릿발이 우두둑 선다

무서리 하얗게
풀꽃 위에 반짝이는 가을 아침
깊어진 하늘 끝에
취한 갈대가 궁색하게 나부낀다

겨울 창가에서

눈은 내리지 않고
창문 틈새로 부는 황소바람에
따뜻함이 그리운 계절

낙엽은 이별하기 싫어서
애절하게 몸부림쳐도
겨울바람에 속절없이 뒹군다

앙상한 가지는 휘파람 불고
겨울 가로수 시린 날들을
묵묵하게 참고 견딘다

겨울과 봄 사이에

서릿바람 툭 하고
너를 살포시 건드리니
가냘픈 몸
파르르 떨며
힘겹게 견디고 있구나

동장군의 기세에
곧 겨울 깊어지겠지만
잉태한 연모
봄이 오면
매화 꽃망울 터지겠지

가장 먼저 전해줄
반가운 소식
지금 막
겨울의 중간쯤
건너는 중이구나

나의 겨울은

나의 겨울 속에는
아름다운 가을도 있고
향기로운 봄도 있다

그대와 함께한 삶의 길에는
슬픔도 괴로움도 있고
기쁨과 행복도 있다

내 앞에 펼쳐진 여정
불확실한 내일의 두려움 떨치고
믿음을 지팡이 삼는다

설령 현실이 겨울이더라도
우리의 봄을 위해
기꺼이 오늘과 마주한다

나뭇잎 하나

길에 떨어진 나뭇잎
무심결에 주워 가만히 들여다본다

어떻게 보면 나의 입술 같고
어떻게 보면 그대 입술 같다

바람이 불면 하늘로 날아오르는
나뭇잎 하나 먼 여행을 꿈꿀까

낙엽 뒹구니 거리
가로수는 벌써 허리춤에
솜이불 두르기 바쁘다

저물어 가는 겨울에

무정한 세월처럼 하염없이
흘러만 가고 싶지 않아서이다

긴긴밤 창밖을 서성이며
이울어가는 겨울 하현달
어두움을 기웃거리건만
마음속 그리움은 만월이다

손 시린 겨울 막바지
얼기설기 엮은 마음의 틈새로
찬바람이 드나들면
사랑하는 이의 품이 그립다

마음의 우산

가끔은 내 마음에
비가 내려도

그대가 건네는
예쁜 꽃잎 우산을 쓰니

마음 젖을 일이 없어
언제나 뽀송뽀송한 행복입니다

철새는 날아가고

철새 떠난 갯가
썰렁한 정적만 감돌고
아롱이는 햇살
빈 둥지를 들여다본다

모래톱에 남긴 발자국
잔물결 쓸고 가고
노을빛으로 이부자리 펴던
갈대숲엔 바람만 남았다

재잘거리는 깊은 정을
가슴에 묻어둔 채
남겨둔 만남의 언약 어르며
긴긴날을 견딘다

겨울 바닷가

인적 없는 모래밭
차가운 바닷바람에 지워지는
하나뿐인 발자국
흰 파도 발밑에 부서진다

석양에 혼을 적셔 엉키는
아스라한 소실점에서
번져오는 어둠의 침울한 낯빛
외로움이 철석 댄다

해변에 늘어선 가로등 하나둘
쓸쓸함을 밝히면
귀만 열어두고 응시하는 바다
독백의 몸짓 밀려든다

첫눈 내리면

너 그거 아니?

처음으로 네가 나풀거리면
많은 사람이
그리움 앓고 있다는 걸
나 또한 설레어
그리움에 마냥 젖어 들어
어쩔 줄 몰라 한다는 걸

네가 속절없이 쏟아져 내리면
시려오는 가슴속에선
그리운 이의 품을 원한다는 걸
첫눈 내리면 만나자는
소중히 간직한 순백의 약속으로
첫발자국 내길 꿈꾼다는 걸

너는 알고 있겠지
너의 차가운 포용을
겨울이면 모두가 기다리는 걸

그대에게 사랑 꽃으로

겨울 동안 휑했던 비탈
살가운 봄 햇살에
복수초 잔설殘雪 헤집고서
곱은 손 호호 불며
가냘픈 꽃대를 세운다

가장 먼저 보여주고 싶은
티 없는 사랑의 미소
다소곳이 피워 냈으니
그대 향한 지극한 마음에
사랑의 눈길 머물기를…

청실홍실

풋풋한 연모에
싱그러운 설렘은 연분홍빛 사랑

천생의 인연으로
한 올 한 올 엮은 청실홍실

비단 같은 마음에
곱게 수 놓은 가시버시 인연

사모관대 듬직하고
족두리 어여쁘니
잘 어울리는 한 쌍의 원앙이네

친구가 되고 싶어요

풀잎에 맺힌 이슬방울처럼
맑고 순수한 영혼을 가진 당신

아침 창가에 비치는 햇살처럼
따사롭고 포근한 당신

호수처럼 넓고 깊은 마음으로
나를 사랑하는 멋진 당신

당신이라면 영원히 함께 하는
사랑스러운 연인이고 싶어요

내 마음 세심하게 배려해 주니
때로는 친구처럼 편하고 싶어요

그대 내게로 오시렵니까

깊은 정 가슴에 묻어둔 채
만남의 언약
긴긴날을 사무치게 기다립니다

바람의 기척에도 놀라서
행여 임일까 하여
마음의 문 열고 내다봅니다

뭇별 반짝이는 밤하늘 보며
그리움 헤아리니
청솔가지에 걸린 님의 얼굴입니다

제4부
사랑 꽃씨 하나

영원한 봄날 같은

사람이었으면 좋겠네

영원한 봄날 같은

그대의 사랑 있었으면

정말 좋겠습니다

사랑 꽃씨 하나

그대여
꽃씨 하나 주실래요
당신이 주신 사랑
내 마음에
꽃씨로 심어 두겠습니다

정성을 다해
관심의 싹도 틔우고
이해의 뿌리도 내리며
무럭무럭 자라도록
세심하게 보살피겠습니다

가장 아름다운
사랑의 꽃으로 피어서
인생의 꽃밭에
향기로운 축복 넘치도록
믿음으로 가꿔가겠습니다

저녁노을

지는 햇살에 산 그림자 앉아
첼로를 켜듯
바람 소리 계곡을 맴돈다

타오르는 저녁노을에
이글거리는 능선
황홀의 한순간이 연출된다

어둠의 자락 깔리면
평안의 품에 안기는 시간
그대의 꿈에 스민다

꽃물 드는 날

봄비에 산듯하여 지핀 불
따스한 온기에
희뿌연 유리창 너머
함초롬 젖은 꽃들을 보며
커피를 마신다

그윽한 향기
입술에 닿는 따스한 감촉
토닥토닥 빗소리에
충만해지는 고독의 상념들
마음에서 움트다

온전히 나를 위해 열어둔
사색의 시간
잔잔한 음악이 흐르고
봄비가 시詩를 읊조리니
시인의 마음에 꽃물 든다

당신 마음에도 봄이

꽃샘바람의 심술에도
반갑게 맞이하는 봄

잠자던 내 영혼 깨여
배시시 웃고 있다

곱게 여민 꽃망울
토 ~토옥 터지던 날

맑은 향기 가지마다
그윽이 피어날 때

선홍색 꽃망울 위에
당신의 마음에
봄빛 스며 따사롭다

홍매화

남실바람에 손사래 치는
저 두근거림
붉게 아롱져 봉곳봉곳하다

언제쯤 꽃망울 열까 하여
망설인 미소
너무나 곱고 매혹적이다

오래 품었던 연모이기에
선연한 붉은빛
향기로운 고배이 아찔하다

사랑은 비가 갠 뒤처럼

눈이 생글생글
입꼬리도 살짝 벙글어
봄처럼 웃는다
내 마음에도 봄이 왔다

시울마다 앉는 예쁜 동그라미
너는 말갛게 웃고
비가 갠 뒤의 청초함
마음에 자리한 사랑이 미쁘다

내 마음에 그대가
바람으로 스치지 않았다면
가득 채우지 않았다면
넘쳐흐르는 줄 몰랐을 거야

항상 그리워한다는 걸
그댄, 아는지 모르지

가을비 오던 날

메마른 가슴 적시듯이
가을비 오던 날
가랑잎 뒹구는 거리가
인적 없어 휑하다

추적거리던 비가 그치면
쌀쌀해질 테고
가로수는 더 앙상해져
겨울을 채비하겠다

우산 펼쳐 들고
추상追想에 빠져 걷다보니
움츠린 어깨 보듬어 줄
그 사람 생각이 간절하다

봄의 길목에서

온 누리에 쏟아지는 따스한 햇살
살랑살랑 부는 바람에
봄의 기운 서린 향기 묻어난다

대지의 긴 겨울잠을 깨우는
생의 열정 솟구치니
봄의 기척에 기지개 활짝 켠다

소생하는 것들의 싱그러움
내 마음속에도
활기찬 봄이 찾아왔으면 한다

새로움의 신선함으로
처음인 듯
모든 걸 사랑하고 싶다

연둣빛 초대

꽃잎 지는 뜨락
연둣빛 하늘이 나부껴
세월처럼 도는 선율
저녁은 사뭇 고요하다

비가 오면 비를 맞고
바람 불면 바람에 흔들리며
머무는 곳 그 어디서나
하늘의 뜻이거니

자신만의 염망으로
여기저기 삐죽거리며 돋는
연둣빛 몸짓들
생에 대한 의지가
가녀리지만 단호하다

빗방울 낙서

당신의 이름
유리창 위에 써 놓으면
빗방울이 지웁니다.

당신의 이름
세월도 지울 수 없게
내 가슴에 써 놓으렵니다

당신의 이름
내 그리움의 수신인으로
저장해 두었습니다

사랑의 멜로디

사랑한다 말보다 더 좋은 말은 없습니다
그대를 아름다운 봄날에 비할까요
그대는 이보다 더 온화하고 사랑스럽습니다

세찬 바람이 3월의 꽃봉오리를 뒤흔들고
봄기운 어느결에 아롱거리니
번지는 향긋함에 마음은 한껏 부풀었습니다

그대의 미소는 내 마음에 기쁨을 주고
나의 우주에 태양과 달, 별이 되어
내 가슴속에서 영원하도록 찬연히 빛납니다

따뜻하게 잡아주던 손길과 다정했던 목소리
그윽이 바라보던 눈길과 뜨거운 입맞춤
심장이 터질 듯 환희에 들떠있는 마음입니다

삶이 힘겨울 때마다 희망을 속삭여 주고
나의 쓸쓸한 마음을 어루만져 주는 사람아
당신의 사랑 노래로 하루를 시작하고 맺습니다

그대와 함께 하는 여행

부드러운 나래 펼쳐
날 안는 저 넓은 가슴
파도 소리에 귀를 여는
지천명 갈피마다
향기 없는 심장 향해
바다도 시를 쓴다

팔 벌려 수평 잡고
어둠을 비껴가도
한 치 앞 볼 수 없기는
매한가지
섬과 섬 통째로
항구에 드러누워
소리 죽여 우는 바다

그대와의 사랑은
반드시 한 번은 가야 하는
여행과도 같은 것
그대는

내 마음에 시를 심고
나는 그대를 꽃피우는
시인이 됩니다

애타는 가슴 하나 달랠 수 있다면

애타는 내 가슴 하나 달랠 수 있다면
괴로움 하나 달래 수 있다면
하염없이 보고 싶은 맘 하나 달랠 수 있다면
그리운 맘 하나 달래 수 있다면
내 삶은 절대 헛되지 않으리라 생각합니다

그대의 해맑은 눈을 볼 수 있다면
그대의 따스한 손 한번 만져 볼 수 있다면
그대의 따스한 가슴에 한 번 안길 수 있다면
그대의 고운 입술에 입 맞추면
나의 정신이 말끔히 되살아난답니다

당신을 사랑해요
그 말 한마디
너무나 소중하고 행복해서
감격의 눈물 한없이 흘러내립니다

당신을 진정으로 사랑합니다
사랑했던 날들만 기억하면

오늘도
내 맘속엔 오직 한 사람 그 사람이 바로 당신
나에게 큰 행복으로 가슴에 새겨 둘게요

봄바람

촉촉한 대지 위에
그리는 밑그림

겨우내 지운 길들
눈 비비며 일어서니
꿈꾸는 아지랑이

향긋한 내음에
햇살 포근한
봄날의 화사한 축제

시린 가슴에다
새로이 불 지피니
요동치는 심장

꽃으로 피어나라고
채근하는 봄바람

임이시여

임이시여
초승달의 가녀린 손짓을
제 어찌 모른다 여겨
알 듯 말 듯 스치듯 내밀다 가시옵니까

임이시여
새록새록 피어나는 애증
마디마디 새겨 놓은 생채기
아픔도 정도 지우지 못하지만
제 어찌 모르리라고
부채질하듯 서둘러 보내시옵니까

임이시여
단 하나의 마음 달래고
붉은 안갯속 그리움이
저라는 것을 어찌 숨기지 못하셨습니까

임이시여
하얀 종이 위에
까맣게 타버린 숯덩이 가슴으로
여백을 메꾸려고 그림 그리라 합니까

봄바람 속에서

울창한 숲에서 불어오는
산들바람 맞으며
서로의 손 꼭 잡고 걷는 숲길
발걸음이 가볍다

길섶에 돋아나는 새싹
갈참나무는 벌써 연초록이고
키 작은 야생화 피어
향기로운 길이 열린다

가슴을 활짝 열어 마시면
폐부 깊숙이 와닿는 신선한 공기
싱그러운 산 내음에
심신 맑아지니 상쾌하다

늦게 핀 생강나무
노란 꽃 폭죽 터트려 반기고
진달래 내민 입술엔
연분홍빛 수줍게 앉았다

살랑살랑 이는 바람
조용히 나뭇가지가 흔들 때마다
풋나물 향기도 출랑거려
두리번두리번 초록빛을 쫓는다

내 안에서부터 느껴지는 봄기운
긴 호흡 들이쉬면
숲길엔 생동감이 넘치고
산새들은 신이 나 지저귄다

그대 키스로 잠이 든다

그대의 반짝이는 눈동자 속에
나를 쉬게 해 주세요
그대 눈은 이 세상에서
가장 고요합니다

나의 입술이 그대 입술을
다시 만나게 해주세요
그대 입술은 이 세상 무엇보다
더 달콤하고 부드럽습니다

힘들었던 날
그대의 키스로 나를
축복해 주고 그대의 입술을
다시 만나고 싶어 합니다

다정한 손길로 어루만지며
방긋 웃어 보이는 행복으로
언제나 함께 하겠다는
당신의 언약을 맞잡고 싶어 합니다

늘 그랬듯이 그대의 키스로
부디 사랑하여 주세요
그대 앞에 내 마음 살포시
내려앉겠습니다

동행

나는 진심으로
당신과 모든 것을
함께 하고
가진 모든 것을
나누고 싶습니다

당신과 가는 인생길
험하다 해도
두렵지 않은 건
사랑의 위대함 힘을
믿기 때문입니다

당신과 인연 되어
서로 마주 보며
동행하는 이 길
늘 한결같은 마음으로
그대를 사랑합니다,

소꿉장난하듯

어릴 적 하던 소꿉놀이
너는 내 신랑
나는 네 색시

사금파리 조각 위에
꽃잎 따
상 차려 놓고
자기야 꽃지짐 어때요?
맛있으면 뽀뽀뽀…

눈 부신 햇살에
꽃잎 여는 고운 꿈 깨
살포시 실눈 뜨니
그대가
사랑스럽게 바라보네요

소꿉장난하듯
준비하는 아침이네요

제5부

햇살 소나타

나
그 영원한 봄날 속에
그대만의
꽃이었으면 정말 좋겠습니다.

코스모스

잎사귀 끝 파르르 떨며
피어난 얼굴들
눈웃음 생긋생긋
나와 눈 맞추다 깜짝 윙크

살그머니 이고 온 가을빛
가녀린 몸매가
힘에 겨워 휘청휘청
꽃 상모가 팽팽 휘돈다

바람의 간지럼에 깔깔대는
청순한 소녀
꽃길에서 술래잡기하니
고운 미소 환하다

누가 그랬을까

누가 그랬을까요
사랑이란
사랑하는 사람을 업고 가겠다는
다짐하는 것이라고

팔이 저리고 허리가 아파도
인생의 무게까지
고스란히 짊어지고 가는 것이라고

그런 고행은 짐 지우기 싫어요
함께 나누어 들고 가면서
힘들 땐 쉬어가도 좋아요

서로의 걸음에 맞추면서
처지를 이해해 주고 격려하며
순탄치 않은 인생길
인내할 수 있도록 함께 걸으면 돼요

이름 모를 풀꽃

영롱한 아침이슬에
청순한 이름 모를 풀꽃이여

이름 없다고
투정 부리지도 않고
누가 찾아주지 않아도
방실거리는구나

꽃이라고
아무런 시련 없이 피었을까

모진 비바람 견디고
무관심에도 공들여 가꿔
꽃 피우는 사명
성실하게 지키면서
다소곳하구나

그리움 비가 되어

마음 우울한 날엔
그대 향한 그리움 못 견뎌
온종일
비가 추적거립니다

요란한 바람 몰아쳐
창문을 흔들어도
그리움은
떠날 줄 모릅니다.

하염없이 비는 내리고
바람은 소란스러워도
내 마음 아는지 모르는지
붙박이의 그리움입니다

꽃비 내릴 때

꽃비 내릴 때
향긋한 바람의 품에서
노닙니다

좋은 사람
가슴에 담아 놓기만 해도
행복합니다

축복처럼 쏟아지는
꽃잎 맞으며
사랑의 행진을 합니다

마음의 책갈피

조용히 떠나가는 발자취
잠시 길 위에
머뭇거린 흔적을 남깁니다

아름답던 한 시절
오래도록 기억하고 싶어
가을바람에 뒹구는 낙엽입니다

먼 길 떠나기 전
낙엽 된 유희의 몸짓
비움의 허허로움입니다

바람에 떨어지는 한 잎 두 잎
나뭇잎 주워
마음의 책갈피에 끼어봅니다

봄바람 [축하시]

나래 강경옥 시인

푸르른 바람 콧등에 살포시
마음을 간지럽힌다

너였구나
연둣빛에 머물렀던 나의 첫사랑

미소 머금은 볼우물에
불그스레 수줍음이 피었다

속삭이는 봄바람에
마음 콩닥거리는 춘정春情

향기롭게 안기는 꽃내음
아직도 난 사랑을 꿈꾸나 봐

느낌을 그리다

너를 바라보고 있노라면
모든 게 잊혀지고
경이로운 새로움이 보인다

네게 집중하면 보여주는
특별한 감동
그 순간의 느낌을 그린다

꽃을 그리면 향기로움이
숲을 그리면 싱그러움이
화폭에서 채색된다

알록달록 색칠했던
어릴 적 꿈
캔버스에 새롭게 그리노라면
몸은 피곤을 잊는다

그림은 나에게
아름다움에 눈뜨게 하고
자유로운 상상을
색깔로 표현하게 한다

곱게 물들인 단풍처럼

높푸른 11월의 가을 하늘
마음 들여다보니
그리움도 단풍 들었네

가을이 오면 발갛게
물들인 단풍잎 사잇길을
그대 고운 손 꼭 잡고
가을 노래 부르며 함께 걷고 싶어라

예쁘게 붉게 타는 단풍이어라
깊어만 가는 가을밤 내 마음도
곱게 물들어가는 단풍처럼

내 어머님

어머님의
선한 모습이
낮달로 뜨는 날은

떠도는
저 구름에
내 마음 전하려 합니다

그리운 날들
가슴에
눈물로 흥건하니

충혈된 눈
지그시 감습니다

햇살 소나타

아침 햇살 가득
창에 비치면
쏟아지는 환희의 빛살들
희망의 악장이다

꽃의 음표 빼곡히
베란다 화초들 악보 펼치면
햇살의 현弦
바람이 경쾌하게 켠다

느낌이 세포들이
우아하게 보내는 박수에
이젠 오늘의 악장을
내가 연주할 차례이다

어쩌지

뒤척이다가 눈 뜨니
방 안 온통
그리움으로 가득하네

네 생각 잠시 놓아주려
창문을 열었더니

창문 밖에서 서성이던
네 생각이
오히려 밀려드네

어쩌지
어쩌면 좋지

나의 노래

누군가를 위한
노래를 부른다는 건
행복한 일입니다

나의 노래에
사모하는 당신의 이름
새겨 두렵니다

시간의 날갯짓에
영원하길 바라는 사랑
꿈을 향해 오릅니다

삶이 끝나는 순간까지
애모의 노래
당신 위해 부르겠습니다

12월의 이야기

눈 덮인 겨울 숲속에서
12월의 아련한 그림자 하나
깊은 잠에 빠져있다

자박자박 걷는 소리에
몸을 터는 솔가지에 쌓인 눈
겨울 적막을 깨웁니다

달랑 한 장 남겨놓은 달력처럼
대롱거리는 마지막 잎새
참나무가 나이테 한 겹 더합니다

주변이 을씨년스러워도
당신이 사랑으로 지켜주고 있어
새로운 꿈을 꿉니다

사랑 예찬

서로를 위해
너그러워지는 사랑
사소한 기쁨도
감사해하는 사랑

나를 위해
끝없이 베풀어주는 사랑
사려 깊은 이해로
보듬어 주는 사랑

이렇게 사랑할 수 있다면
정말 행복할 겁니다
주인공이 당신인
이런 사랑이길 바랍니다

그리움

가끔
내 마음에 비가 내려도
그대가 건네는
예쁜 꽃잎 우산을 씁니다

마음 젖을 일 없어
뽀송뽀송한 마음의 쉼터
그대를 위해
언제나 비워놓겠습니다

낙화

푸른 시절의
꽃비를 기억합니까

조심스러운 바람에도
흩날리던 꽃잎을

미련 두지 않고 떠나는
최고로 아름다운 순간

덧없이 떨어져 뒹구는
화사한 기억

꽃비에 마음 아프던
봄날의 한때를…

한 편의 시

반짝이는 별이여
변함없이 그 사람 사랑하니
총명한 눈으로 지켜주소서

필연의 운명으로 맺은
불멸의 사랑
한 편의 시 같은 그 사람아

아름다운 꽃이여
가슴에 머무는 향기로운 숨결
행복을 꿈꾸게 하소서

당신을 위해 남겨둔 고백에
담아둔 진심
한 편의 시로 읽히게 하소서

| 해설 |

그리움의 투영으로 본 사랑의 본질에 대한 서정적 통찰

문영길 시인
(청옥문학협회 편집국장)

    시란 시인에게 투영된 삶에 대한 주관적 이해와 상상력에서 도출한 언어의 표출이라 하겠다.
    이춘희 시인의 시집 『언제나 처음처럼』에는 그리움의 투영으로 본 사랑의 본질에 대한 서정적 통찰이 주를 이루고 있음을 봄이라는 생명의 기운과 사랑의 희구를 담은 작가의 인사말에서도 엿볼 수 있다.
    일반적으로 사랑을 주제로 한 서정시를 얕잡아보는 듯한 문단의 풍토가 있으나 문학에서 사랑이란 인간 본연의 존재가치와 추구하고자 하는 삶의 방향성을 제시하는 바탕을 이루고 있기에 인류의 역사와 그 궤를 같이 해왔고 앞으로도 이어질 무궁한 의식의 모태일 것이다.

화자를 1인칭 화법으로 내세워 관계의 소중함을 사랑의 절대적 가치로 치환하고 경험적 사실을 통한 다양한 스펙트럼으로 작가의 자전적 소회를 표출하고 있다.

「희망 우체통」에서는 "삶의 순간들을 함께 나누며/ 곁에서 이야기하고 웃어 주는 당신/ 힘겨운 세상일수록/ 사랑만이 희망일 때가 있습니다"라고 하며 당신의 사랑으로 영위하는 생을 꿈꾸고,

「별빛처럼」에서는 "그 사람의 눈빛 나와 닮아/ 우리의 우주를 바라보게 됩니다/ 그 사람 눈에 담긴/ 영롱한 별빛/ 무수히 깜박거리고 있습니다"로 우주적 확장과 영원을 추구하는 한편,

「당신의 밤하늘 보며」는 "오늘은 당신의 밤하늘에/ 사랑의 별자리로 나타나 주신다면/ 밤새 도란거릴 그런 밤입니다// 달빛 등불로 걸어 둔/ 당신의 하늘을 바라보면서/ 그리움에 눈물짓는 그런 밤입니다"로 사실적인 바람을 적시하여 화자의 대상에 대한 무한한 애정과 신뢰적 심리상태를 고백하고 있음을 알 수 있다.

그리움이 연인에 대한 갈망으로 국한되는 것이 아닌 기억 속에 산재하여 있는 다양한 대상과 연계시키고 있으며 축적된 연민과 회한 등을 쉬운 시어로 담담하게 그려내고 있어 독자와의 좀 더 친숙한 동질감을 형성하면서 사랑시

의 단조로움을 극복하고 있다.

　전국의 문인들이 응모한 제10회 한국 꽃 문학상에서 우수상에 선정된 작품을 살펴보면 이른 봄, 잔설 속에서도 피는 꽃의 자태를 묘사하고 있으나 한편으로는 연약하지만 분명한 불굴의 의지를 암시하고 있다.
　봄을 희망의 설렘으로, 지켜지는 약속으로 상기하며 내일에 대한 생의 기대를 가꾸는 작가의 문학적 역량이 돋보인다.

　　잔설 비집어 내민
　　따스한 햇살의 속삭임 머문
　　여린 꽃대마다
　　보랏빛 온화한 미소 여리하다

　　소소리바람에 곱은 손으로
　　서둘러 쓴 봄 편지
　　설레는 마음이 먼저 읽으면
　　눈 시린 해맑음 살풋하다

　　더디게 오는 봄 채근하듯
　　가녀린 자태에 한껏 머금은 향기
　　까치발의 기다림 오붓하다
　　　　　　　　　「잔설 속에 핀 샤프란」 전문

이춘희 시인은 사랑 안에서 모든 존재적 이유를 찾고 싶어 한다.

그래서 계절이 순환하는 이치에서 사랑의 당위를 「마음의 계절」은 "당신은 나의 봄"이며 "난 언제나 당신만 바라보는/ 풋사랑의 진달래"로 "당신은 나의 여름"이며 "당신 앞에 서면/ 난 언제나 햇살"로 열정을 불사르고 "당신은 나의 가을"로 "서늘한 바람결에도 흔들리지 않고/ 단풍으로 곱게" 물들며 "당신은 나의 겨울"로 "당신에게 살포시 안겨/ 마음의 아랫목에 묻어둔 따스한 정"이라 설파하고 있다.

이 외에도 「마음을 스케치하다」, 「누가 그랬을까」, 「나의 노래」, 「동행」 등에서 밝혔듯이 이춘희 시인의 삶에서 분리할 수 없는 사랑의 절대성이 개인적 사랑의 성취가 아닌 감사와 행복으로 발효되어 추구하는 인생의 의미를 음미하게 한다.

사랑에 대한 신뢰로부터 비롯된 생의 기쁨이 그리움을 호출하고 서정적 언어로 소환한 삶에 대한 긍정적 신호가 우리의 삭막한 현실을 위로해주리라고 믿으며 희망의 메시지로 이 한 편의 시를 추천한다.

아침 햇살 가득
창에 비치면
쏟아지는 환희의 빛살들

희망의 악장이다

꽃의 음표 빼곡히
베란다 화초들 악보 펼치면
햇살의 현絃
바람이 경쾌하게 켠다

느낌의 세포들이
우아하게 보내는 박수에
이젠 오늘의 악장을
내가 연주할 차례이다

「햇살 소나타」 전문

"희망의 악장"을 펼쳐 보일 오늘이, "환희의 빛살"이 쏟아지는 오늘이, "느낌의 세포들이 우아하게 보내는 박수에" 연주하는 악장의 오늘이 궁금하고 설렌다.

이춘희 시인의 첫 시집 『언제나 처음처럼』의 상재를 축하드리며 독자에게 많은 사랑을 받아 시인으로서의 사명감을 높이고 문단의 발전에 이바지할 수 있기를 기대해 본다.

이춘희 시집
언제나 처음처럼

인쇄: 2022년 3월 17일
발행: 2022년 3월 22일

지은이: 이춘희
펴낸이: 최경식
펴낸곳: 도서출판 청옥문학사
인쇄처: 세종문화사

출판등록 제10-11-05호
E-mail: sik620@hanmail.net
전화: 051-517-6068
값 12,000원

ISBN 979-11-91276-22-0 03810

* 이 책의 무단전재 및 복제행위는 저작권법에 의거, 처벌의 대상이 됩니다.